AF188022

Impressum
Verlag: BABADADA GmbH, Nedderfeld 112 , 22529 Hamburg
Geschäftsführer / Verlagsleitung: Harald Hof
Druck: Books on Demand GmbH, In de Tarpen 42, 22848 Norderstedt

Imprint
Publisher: BABADADA GmbH, Nedderfeld 112 , 22529 Hamburg, Germany
Managing Director / Publishing direction: Harald Hof
Print: Books on Demand GmbH, In de Tarpen 42, 22848 Norderstedt

okul

kool

sınıf
klassiruum

böl
jagama

186/2

tahta
tahvel

okul bahçesi
koolihoov

öğretmen
öpetaja

kağıt
paber

yazmak
kirjutama

kalem
pastapliiats

masa
kirjutuslaud

cetvel
joonlaud

kitap
raamat

öğrenci
öpilane

okul çantası
....
koolikott

kalemlik
....
pinal

kurşun kalem
....
harilik pliiats

kalem açacağı
....
pliiatsiteritaja

silgi
....
kustukumm

çizim defteri
....
joonistusplokk

çizim
joonistus

resim fırçası
pintsel

boya kutusu
värvikarp

makas
käärid

tutkal
liim

alıştırma kitabı
töövihik

ödev
kodutöö

12

sayı
number

2+2

ekle
liitma

5-2

çıkar
lahutama

2×2

çarp
korrutama

hesapla
arvutama

harf
täht

ABCDEFG
HIJKLMN
OPQRSTU
VWXYZ

alfabe
tähestik

kelime
sõna

metin

tekst

okumak

lugema

tebeşir

kriit

ders

koolitund

kayıt

klassipäevik

sınav

eksam

sertifika

tunnistus

okul forması

koolivorm

eğitim

haridus

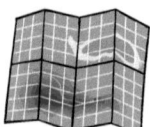

ansiklopedi

entsüklopeedia

üniversite

ülikool

mikroskop

mikroskoop

harita

kaart

kağıt çöp kutusu

paberikorv

otel
hotell

Grand

pansiyon
hostel

döviz bürosu
valuutavahetuspunkt

bavul
kohver

otomobil
auto

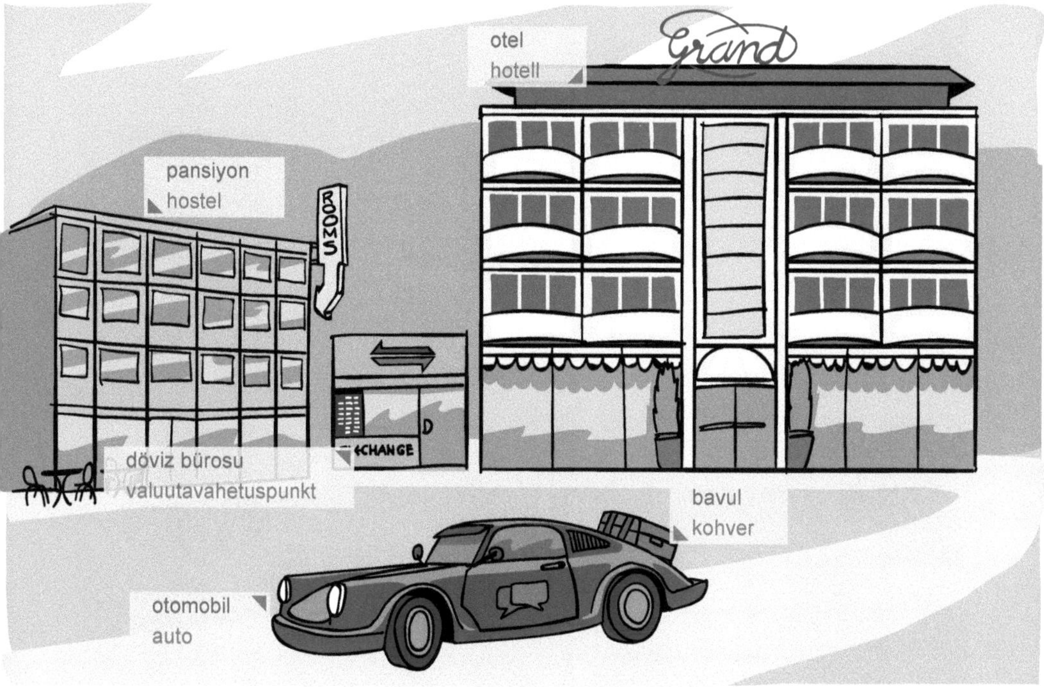

dil
....
keel

evet / hayır
....
jah / ei

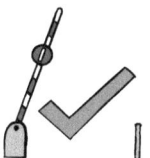

Tamam
....
okei

merhaba
....
Tere!

çevirmen
....
tõlk

Teşekkür ederim
....
Aitäh!

bu ... ne kadar?

Kui palju maksab ...?

anlamadım

Ma ei saa aru

problem

probleem

İyi akşamlar!

Tere õhtust!

Günaydın!

Tere hommikust!

İyi geceler!

Head ööd!

güle güle

Head aega!

yön

suund

bagaj

pagas

çanta

kott

sırt çantası

seljakott

misafir

külaline

oda

tuba

uyku tulumu

magamiskott

çadır

telk

turist danışma	sahil	kredi kartı
turismiinfo	rand	krediitkaart

kahvaltı	öğle yemeği	akşam yemeği
hommikusöök	lõunasöök	õhtusöök

Bilet	asansör	pul
pilet	lift	postmark

sınır	gümrük	elçilik
riigipiir	toll	saatkond

vize	pasaport	
viisa	pass	

ulaşım
transport

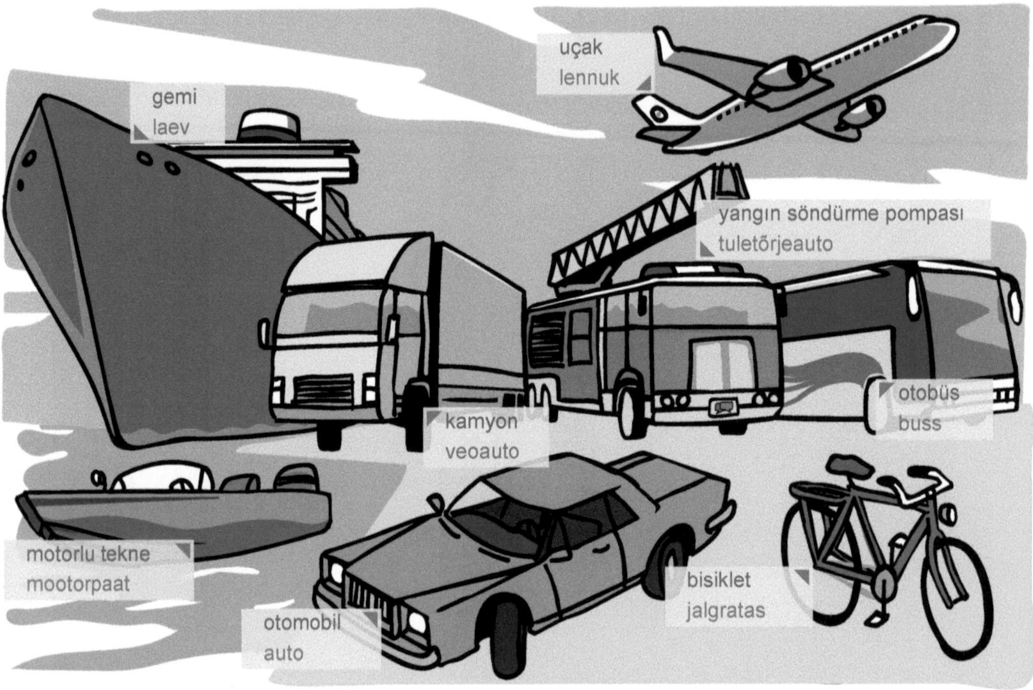
uçak
lennuk
gemi
laev
yangın söndürme pompası
tuletõrjeauto
otobüs
buss
kamyon
veoauto
motorlu tekne
mootorpaat
bisiklet
jalgratas
otomobil
auto

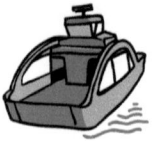

feribot

praam

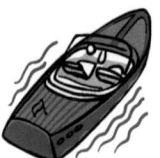

bot

paat

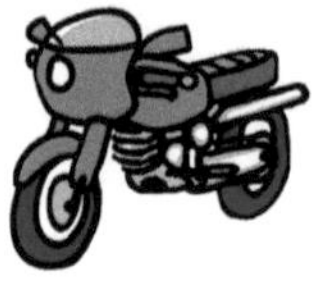

motosiklet

mootorratas

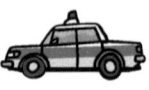

polis arabası

politseiauto

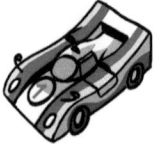

yarış arabası

võidusõiduauto

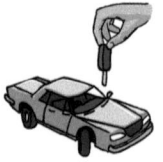

kiralık araba

rendiauto

ortak araba

ühisauto

çekici

puksiirauto

çöp kamyonu

prügiauto

motor

mootor

yakıt

kütus

benzinlik

tankla

trafik işareti

liiklusmärk

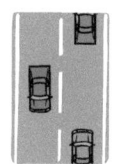

trafik

liiklus

trafik sıkışıklığı

liiklusummik

otopark

parkla

tren istasyonu

raudteejaam

ray

rööpad

tren

rong

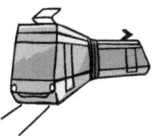

tramvay

tramm

vagon

vagun

helikopter

helikopter

havaalanı

lennujaam

kule

torn

yolcu

reisija

konteyner

konteiner

koli

pappkast

yük arabası

käru

sepet

korv

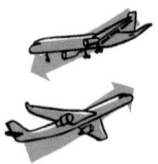

kalkış / iniş

õhku tõusma / maanduma

şehir

linn

köy

küla

şehir merkezi

kesklinn

ev

maja

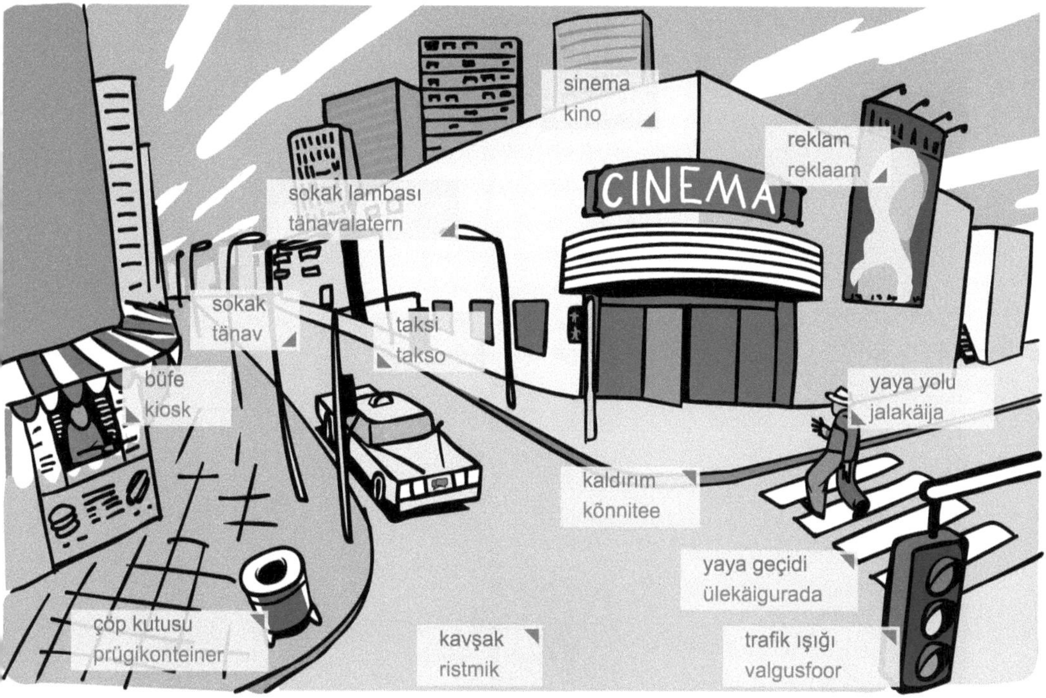

Picture labels (top illustration):

- sinema / kino
- reklam / reklaam
- sokak lambası / tänavalatern
- sokak / tänav
- taksi / takso
- büfe / kiosk
- yaya yolu / jalakäija
- kaldırım / könnitee
- yaya geçidi / ülekäigurada
- çöp kutusu / prügikonteiner
- kavşak / ristmik
- trafik ışığı / valgusfoor

kulübe
osmik

apartman dairesi
kortermaja

tren istasyonu
raudteejaam

belediye binası
raekoda

müze
muuseum

okul
kool

üniversite
ülikool

banka
pank

hastane
haigla

otel
hotell

eczane
apteek

ofis
kontor

kitapçı
raamatupood

mağaza
kauplus

çiçekçi
lillepood

süpermarket
supermarket

market
turg

büyük mağaza
kaubamaja

balık satıcısı
kalapood

alışveriş merkezi
kaubanduskeskus

liman
sadam

park
park

bank
pink

köprü
sild

merdiven
trepp

metro
metroo

tünel
tunnel

otobüs durağı
bussipeatus

bar
baar

restoran
restoran

posta kutusu
postkast

sokak tabelası
tänavasilt

otopark sayacı
parkimisautomaat

hayvanat bahçesi
loomaaed

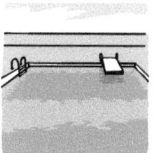

yüzme havuzu
ujula

cami
mošee

çiftlik
talu

kirlilik
reostus

mezarlık
surnuaed

kilise
kirik

oyun alanı
mänguväljak

tapınak
tempel

arazi

maastik

yaprak
leht

yön tabelası
teeviit

yol
tee

çayır
aas

taş
kivi

yürüyüşçü
matkaja

ağaç
puu

ırmak
jõgi

çimen
rohi

çiçek
lill

vadi

org

tepe

mägi

göl

järv

orman

mets

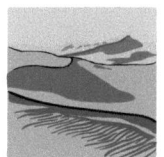

çöl

kõrb

volkan

vulkaan

kale

linnus

gökkuşağı

vikerkaar

mantar

seen

palmiye

palm

sivrisinek

sääsk

sinek

kärbes

karınca

sipelgas

arı

mesilane

örümcek

ämblik

böcek
mardikas

kurbağa
konn

sincap
orav

kirpi
siil

yabani tavşan
jänes

baykuş
öökull

kuş
lind

kuğu
luik

yaban domuzu
metssiga

geyik
hirv

geyik
põder

baraj
pais

rüzgar türbini
tuuleturbiin

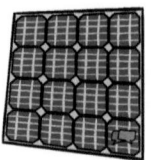

güneş paneli
päikesepaneel

iklim
kliima

restoran

restoran

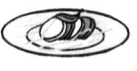

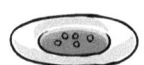

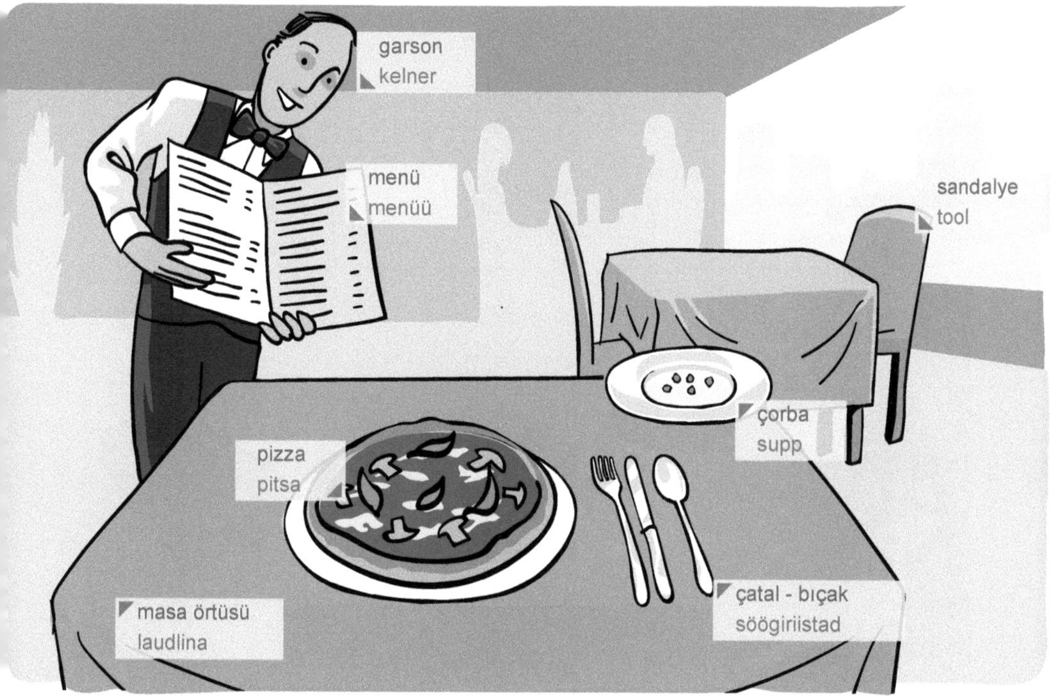
garson
kelner
menü
menüü
sandalye
tool
çorba
supp
pizza
pitsa
masa örtüsü
laudlina
çatal - bıçak
söögiriistad

başlangıç

eelroog

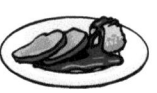

ana yemek

pearoog

tatlı

magustoit

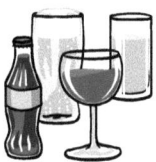

içecekler

joogid

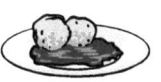

yemek

toit

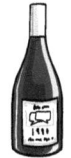

şişe

pudel

fastfood

kiirtoit

sokak yemeği

tänavatoit

çaydanlık

teekann

şekerlik

suhkrutoos

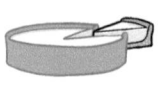

porsiyon

portsjon

espresso makinesi

espressomasin

mama sandalyesi

lastetool

fatura

arve

tepsi

kandik

bıçak

nuga

çatal

kahvel

kaşık

lusikas

çay kaşığı

teelusikas

servis peçetesi

salvrätik

bardak

klaas

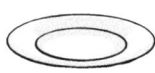

tabak

taldrik

çorba kasesi

supitaldrik

fincan altlığı

alustass

sos

kaste

tuzluk

soolatoos

karabiber değirmeni

pipraveski

sirke

äädikas

yağ

õli

baharat

vürtsid

ketçap

ketšup

hardal

sinep

mayonez

majonees

süpermarket

supermarket

özel teklif
eripakkumine
FOR
müşteri
klient
süt ürünleri
piimatooted
meyve
puuviljad
alışveriş arabası
ostukäru

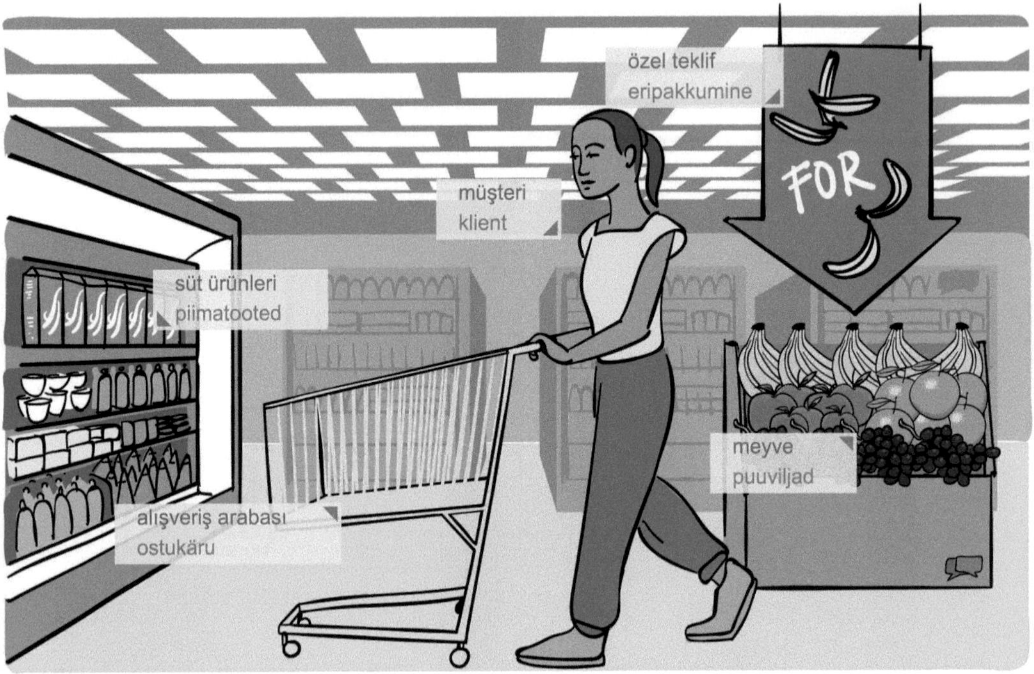

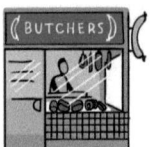

BUTCHERS

kasap

lihapood

BAKERY

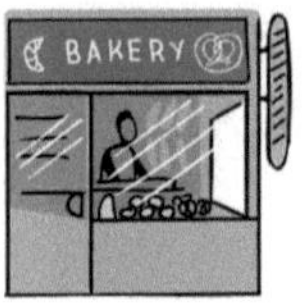

fırın

pagariäri

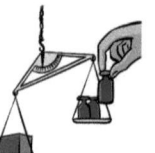

tartmak

kaaluma

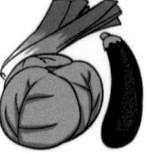

sebze

köögiviljad

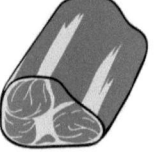

et

liha

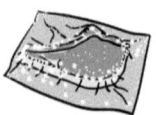

donmuş gıda

külmutatud toit

söğüş et

lihalõigud

konserve yiyecek

konservid

toz deterjan

pesupulber

şekerlemeler

maiustused

ev temizlik ürünleri

majatarbed

temizlik ürünleri

puhastustooted

satış görevlisi

müüja

yazar kasa

kassaaparaat

kasiyer

kassapidaja

alışveriş listesi

ostunimekiri

açılış saatleri

lahtiolekuajad

cüzdan

rahakott

kredi kartı

krediitkaart

çanta

kott

plastik poşet

kilekott

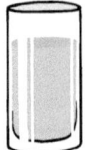

su
....
vesi

meyve suyu
....
mahl

süt
....
piim

kola
....
koola

şarap
....
vein

bira
....
õlu

alkol
....
alkohol

kakao
....
kakao

çay
....
tee

kahve
....
kohv

espresso
....
espresso

kapuçino
....
cappuccino

muz

banaan

elma

õun

portakal

apelsin

kavun

arbuus

limon

sidrun

havuç

porgand

sarımsak

küüslauk

bambu

bambus

soğan

sibul

mantar

seen

çerez

pähklid

makarna

nuudlid

spagetti

spagetid

pirinç

riis

salata

salat

cips

friikartulid

patates kızartması

praekartulid

pizza

pitsa

hamburger

hamburger

sandviç

võileib

şinitzel

šnitsel

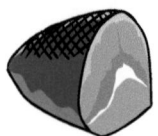

pastırma

sink

salam

salaami

sosis

vorst

tavuk

kana

rosto

praeliha

balık

kala

yulaf ezmesi

kaerahelbed

müsli

müsli

mısır gevreği

maisihelbed

un

jahu

kruvasan

sarvesai

küçük ekmek

kukkel

ekmek

leib

tost

röstsai

bisküvi

küpsised

tereyağı

või

kaymak

kohupiim

kek

kook

yumurta

muna

sahanda yumurta

praemuna

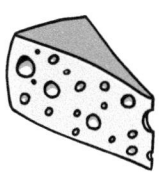

peynir

juust

dondurma

jäätis

şeker

suhkur

bal

mesi

reçel

moos

fındık ezmesi

pähklivõie

köri

karri

çiftlik
talu

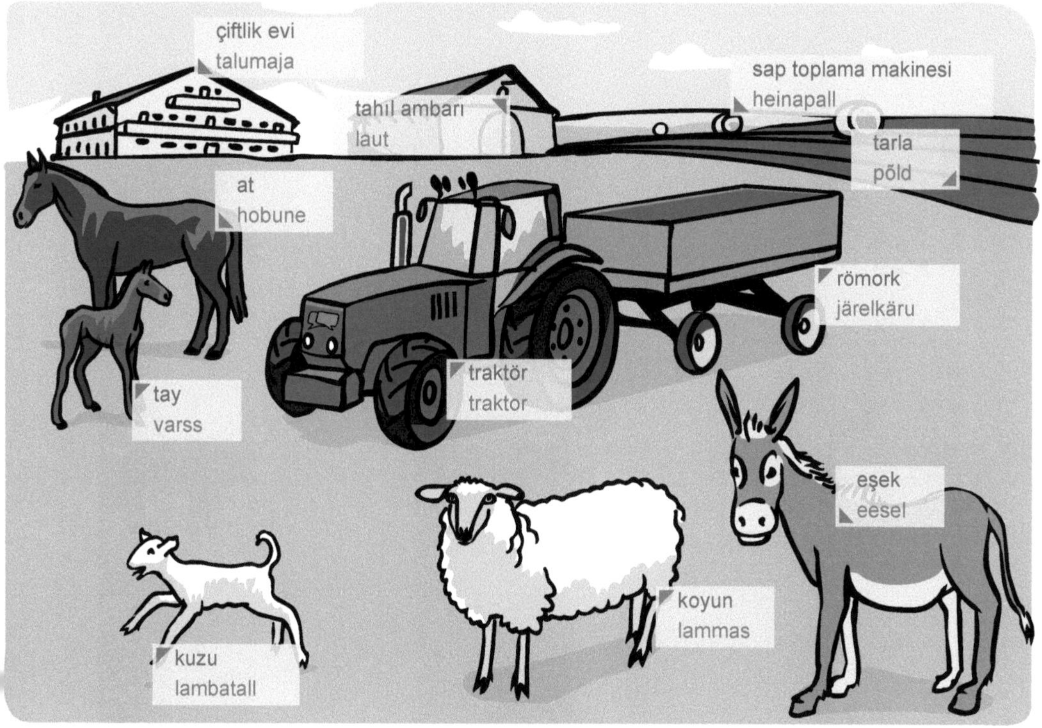

çiftlik evi
talumaja
tahıl ambarı
laut
sap toplama makinesi
heinapall
tarla
põld
at
hobune
römork
järelkäru
tay
varss
traktör
traktor
eşek
eesel
koyun
lammas
kuzu
lambatall

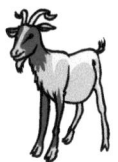

keçi

kits

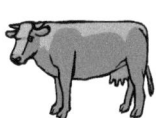

inek

lehm

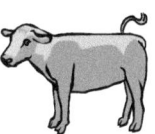

buzağı

vasikas

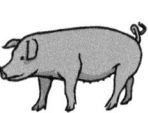

domuz

siga

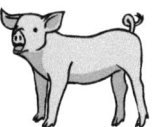

domuz yavrusu

põrsas

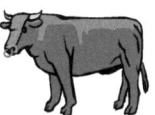

boğa

pull

kaz
hani

ördek
part

civciv
tibu

tavuk
kana

horoz
kukk

sıçan
rott

kedi
kass

fare
hiir

öküz
härg

köpek
koer

köpek kulübesi
koerakuut

bahçe hortumu
aiavoolik

sulama kabı
kastekann

tırpan
vikat

pulluk
ader

orak
sirp

çapa
kõblas

dirgen
hang

balta
kirves

el arabası
käru

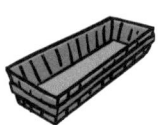

yemlik
küna

süt kovası
piimanõu

çuval
kott

çit
tara

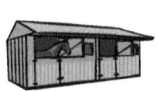

ahır
tall

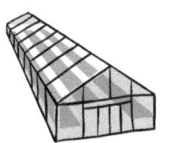

sera
kasvuhoone

toprak
muld

tohum
seeme

gübre
väetis

biçerdöver
kombain

çiftlik - talu

hasat etmek

saaki koristama

harman

saagikoristus

tatlı patates

jamss

buğday

nisu

soya

soja

patates

kartul

mısır

mais

kolza

raps

meyve ağacı

viljapuu

manyok

maniokk

hububat

teravili

ev
maja

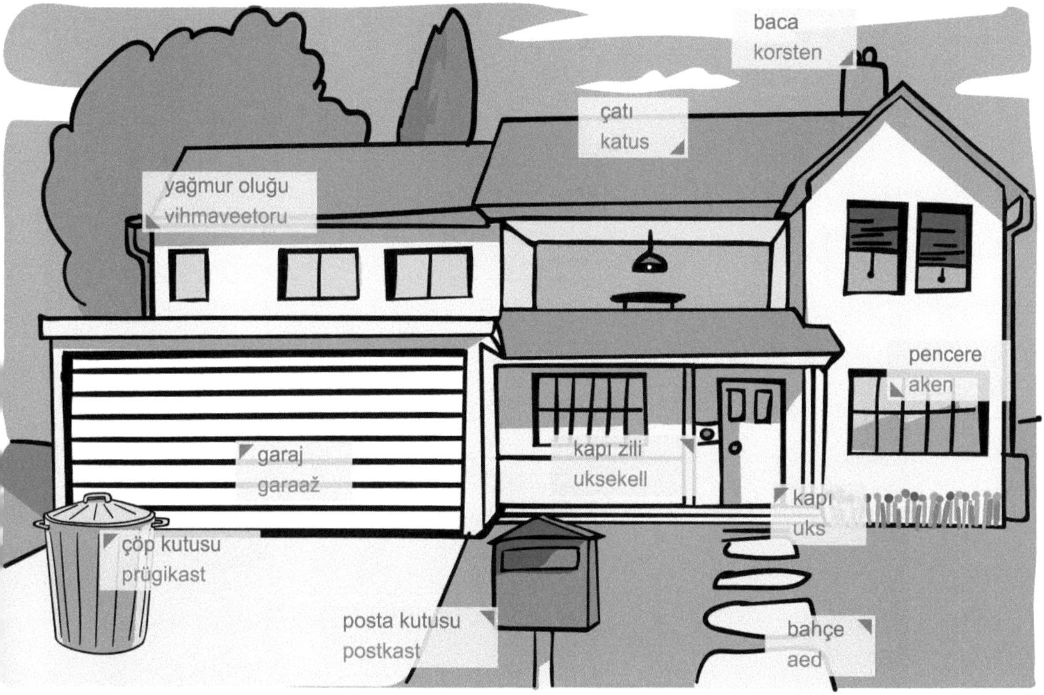
baca
korsten
çatı
katus
yağmur oluğu
vihmaveetoru
pencere
aken
garaj
garaaž
kapı zili
uksekell
kapı
uks
çöp kutusu
prügikast
posta kutusu
postkast
bahçe
aed

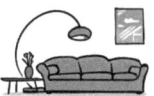

oturma odası
elutuba

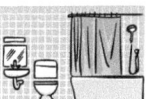

banyo
vannituba

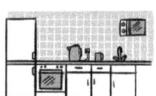

mutfak
köök

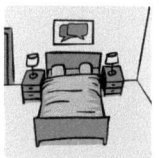

yatak odası
magamistuba

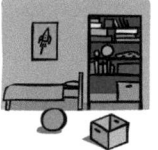

çocuk odası
lastetuba

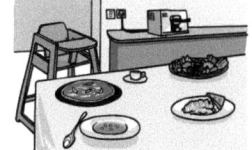

yemek odası
söögituba

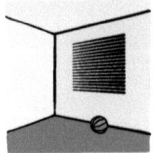

zemin

põrand

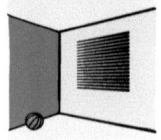

duvar

sein

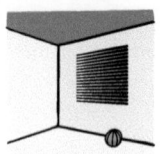

tavan

lagi

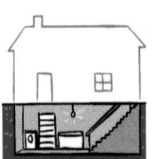

kiler

kelder

sauna

saun

balkon

rõdu

teras

terrass

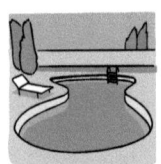

havuz

bassein

çim biçme makinesi

muruniiduk

çarşaf

voodilina

yatak örtüsü

päevatekk

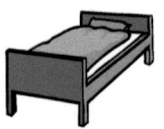

yatak

voodi

süpürge

luud

kova

ämber

anahtar

lüliti

oturma odası
elutuba

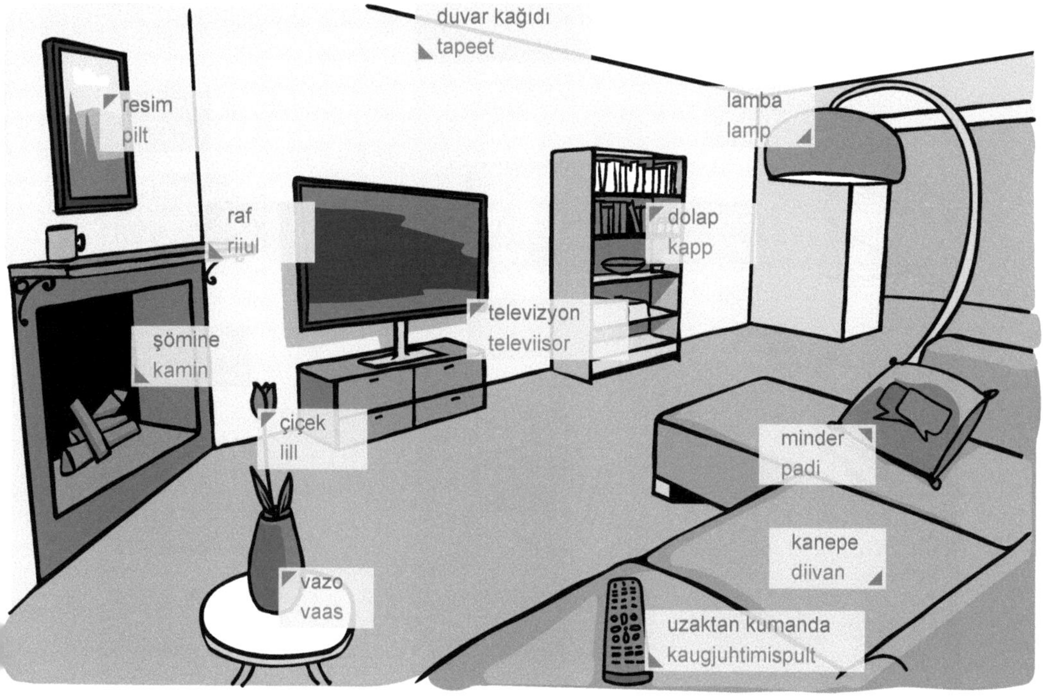
duvar kağıdı
tapeet
resim
pilt
lamba
lamp
raf
riiul
dolap
kapp
televizyon
televiisor
şömine
kamin
çiçek
lill
minder
padi
kanepe
diivan
vazo
vaas
uzaktan kumanda
kaugjuhtimispult

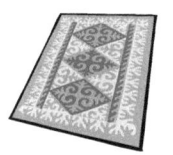

halı
vaip

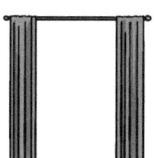

perde
kardin

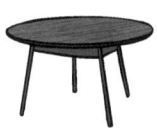

masa
laud

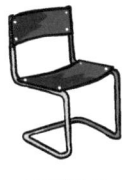

sandalye
tool

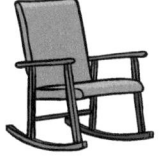

salıncaklı koltuk
kiiktool

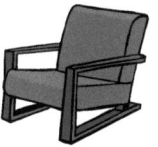

koltuk
tugitool

kitap

raamat

battaniye

tekk

dekor

kaunistus

odun

küttepuud

film

film

hi-fi

helisüsteem

anahtar

võti

gazete

ajaleht

tablo

maal

poster

plakat

radyo

raadio

defter

märkmik

elektrikli süpürge

tolmuimeja

kaktüs

kaktus

mum

küünal

mutfak
köök

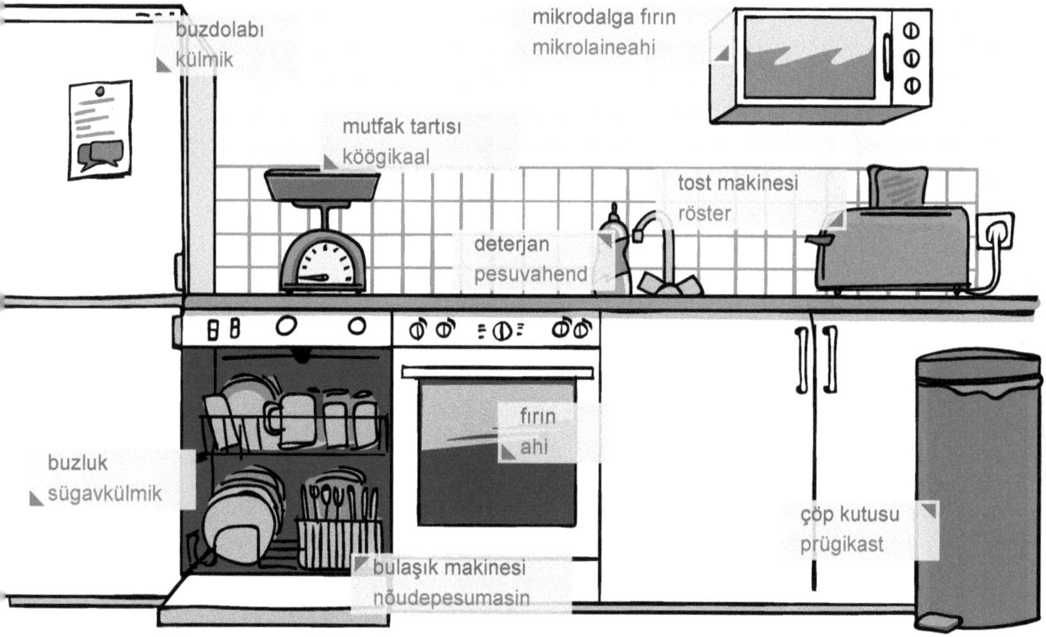

buzdolabı
külmik
mikrodalga fırın
mikrolaineahi
mutfak tartısı
köögikaal
tost makinesi
röster
deterjan
pesuvahend
fırın
ahi
buzluk
sügavkülmik
çöp kutusu
prügikast
bulaşık makinesi
nõudepesumasin

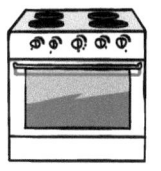

ocak
pliit

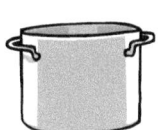

tencere
pott

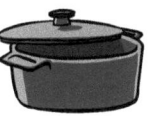

döküm tencere
malmpott

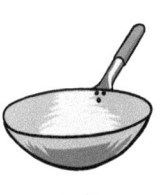

wok
vokkpann

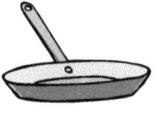

tava
pann

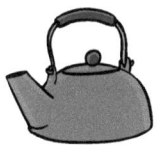

su ısıtıcı
veekeetja

buharlı pişirici

aurutaja

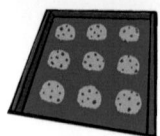

pişirme tepsisi

küpsetusplaat

tabak takımı

lauanõud

kupa

kruus

kase

kauss

çubuk (çin yemeği)

söögipulgad

kepçe

kulp

spatula

pannilabidas

çırpma teli

vispel

süzgeç

kurn

elek

sõel

rende

riiv

havan

uhmer

barbekü

grill

açık ateş

lahtine tuli

kesme tahtası
lõikelaud

merdane
tainarull

tirbüşon
korgitser

konserve kutusu
konservipurk

konserve açacağı
konserviavaja

fırın eldiveni
pajakinnas

evye
kraanikauss

fırça
hari

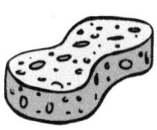

sünger
pesukäsn

blender
kannmikser

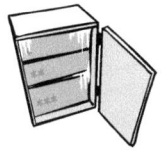

derin dondurucu
sügavkülmuti

biberon
lutipudel

musluk
segisti

banyo
vannituba

ısıtma
küte
havlu
käterätik
duş
dušš
duş perdesi
dušikardin
köpük banyosu
mullivann
küvet
vann
bardak
klaas
çamaşır makinesi
pesumasin
musluk
segisti
fayans
plaadid
lazımlık
pissipott
evye
kraanikauss

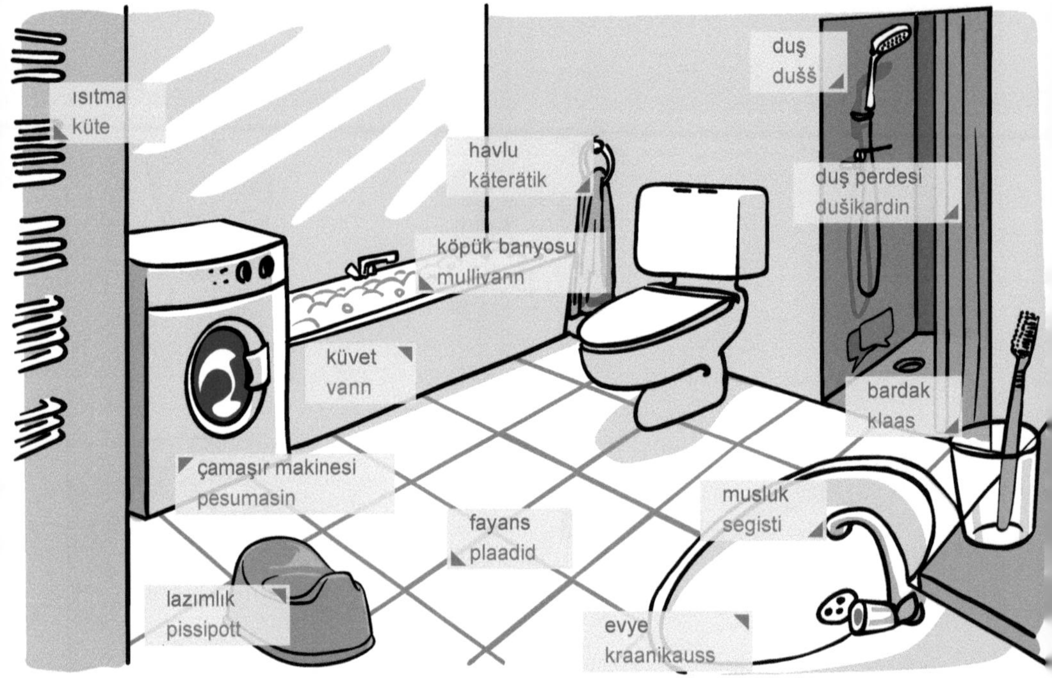

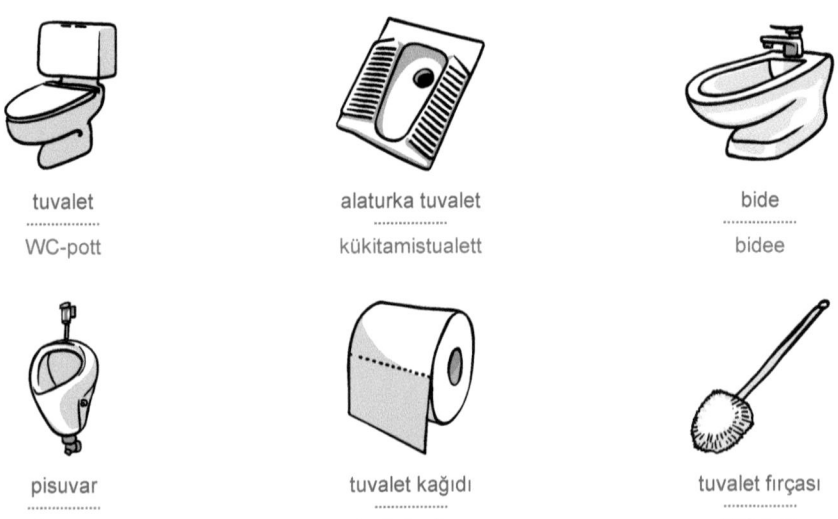

tuvalet

WC-pott

alaturka tuvalet

kükitamistualett

bide

bidee

pisuvar

pissuaar

tuvalet kağıdı

tualettpaber

tuvalet fırçası

WC-hari

diş fırçası

hambahari

diş macunu

hambapasta

diş ipi

hambaniit

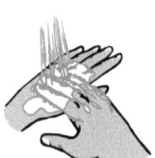

yıkamak

pesema

duş başlığı

käsidušš

duş başlığı şeklinde taharet musluğu

intiimdušš

küvet

pesukauss

banyo fırçası

seljahari

sabun

seep

duş jeli

dušigeel

şampuan

šampoon

banyo lifi

vamm

gider

äravool

krem

kreem

deodorant

deodorant

ayna

peegel

el aynası

käsipeegel

jilet

habemenuga

tıraş köpüğü

raseerimisvaht

tıraş losyonu

habemevesi

tarak

kamm

fırça

hari

saç kurutma makinesi

föön

saç spreyi

juukselakk

makyaj

meigikomplekt

ruj

huulepulk

tırnak cilası

küünelakk

pamuk

vatt

tırnak makası

küünekäärid

parfüm

parfüüm

makyaj çantası

tualett-tarvete kott

tabure

taburet

tartı

kaal

bornoz

hommikumantel

lastik eldiven

kummikindad

tampon

tampoon

kadın pedi

hügieeniside

kimyevi tuvalet

keemiline tualett

çocuk odası
lastetuba

çalar saat
äratuskell
peluş oyuncak
pehme mänguasi
oyuncak araba
mänguauto
çıngırak
kõristi
bebek evi
nukumaja
hediye
kingitus

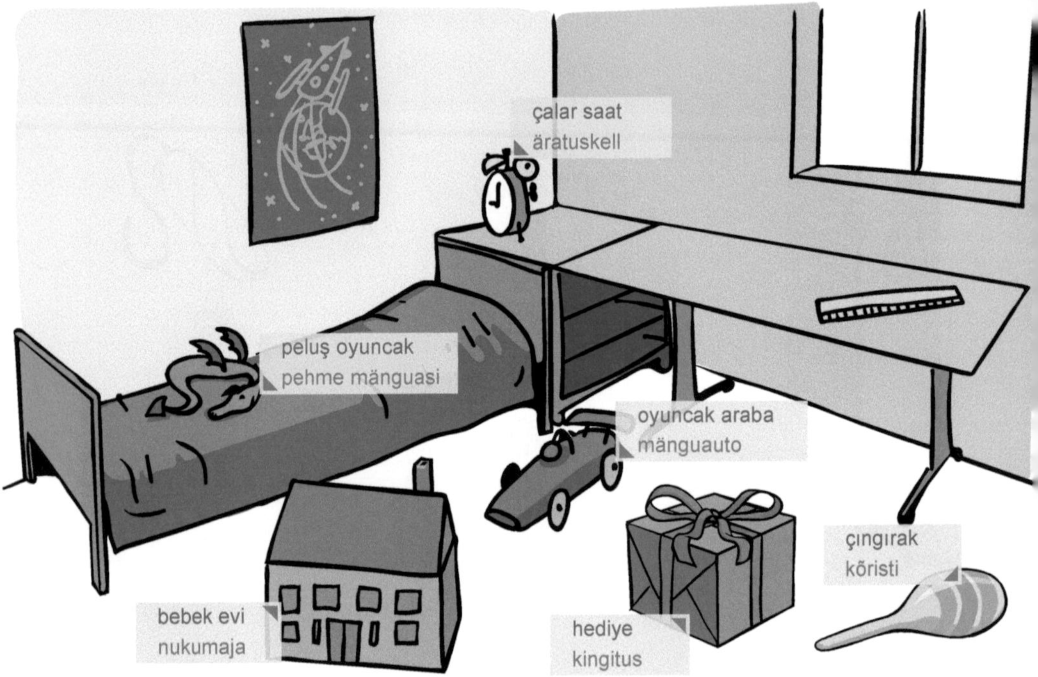

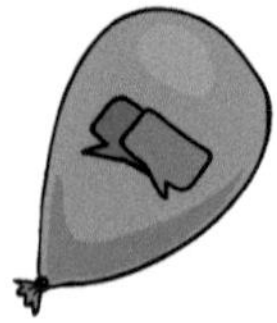

balon
õhupall

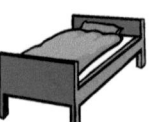

yatak
voodi

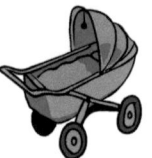

bebek arabası
lapsevanker

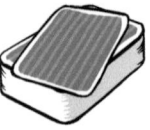

kart destesi
kaardipakk

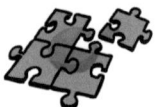

yapboz
pusle

çizgi roman
koomiks

lego tuğlaları

Lego klotsid

lego blokları

klotsid

aksiyon figürü

kujuke

zıbın

siputuspüksid

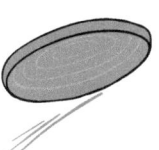

frizbi

lendav taldrik

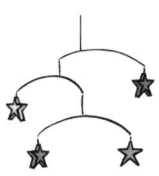

dönence

voodikarussell

masa oyunu

lauamäng

zar

täringud

model tren seti

mudelrong

emzik

lutt

parti

pidu

resimli kitap

pildiraamat

top

pall

oyuncak bebek

nukk

oynamak

mängima

kum havuzu

liivakast

salıncak

kiik

oyuncaklar

mänguasjad

video oyun konsolu

mängukonsool

üç tekerlekli bisiklet

kolmerattaline jalgratas

oyuncak ayı

mängukaru

gardırop

riidekapp

kıyafet

riietus

çorap

sokid

külotlu çorap

sukad

tayt

sukkpüksid

eşarp
sall

kemer
vöö

şemsiye
vihmavari

tişört
T-särk

spor ayakkabı
tossud

bot
saapad

terlik
sussid

sandalet
sandaalid

ayakkabı
jalatsid

lastik çizme
kummikud

külot
aluspüksid

sütyen
rinnahoidja

yelek
vest

kıyafet - riietus

dar bluz

bodi

pantolon

püksid

kot pantolon

teksapüksid

etek

seelik

bluz

pluus

gömlek

särk

kazak

sviiter

süveter

dressipluus

blazer

bleiser

ceket

jakk

mont

mantel

yağmurluk

vihmamantel

kostüm

kostüüm

elbise

kleit

gelinlik

pulmakleit

takım elbise

ülikond

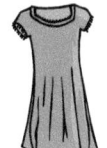

gecelik

öösärk

pijama

pidžaama

sari

sari

baş örtüsü

pearätt

türban

turban

burka

burka

kaftan

kaftan

çarşaf

abayah

mayo

ujumistrikoo

erkek mayosu

ujumispüksid

şort

lühikesed püksid

eşofman

dressid

önlük

põll

eldiven

kindad

düğme

nööp

gözlük

prillid

bilezik

käevõru

kolye

kaelakee

yüzük

sõrmus

küpe

kõrvarõngas

kep

nokamüts

portmanto

riidepuu

şapka

kaabu

kravat

lips

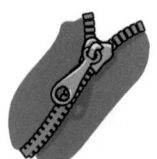

fermuar

tõmblukk

kask

kiiver

pantolon askısı

traksid

okul forması

koolivorm

üniforma

vormirõivad

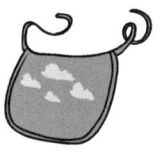

mama önlüğü

pudipõll

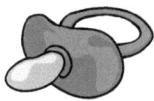

emzik

lutt

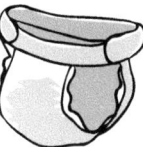

bebek bezi

mähe

ofis
kontor

sunucu
server
dosya dolabı
arhiivikapp
yazıcı
printer
kağıt
paber
monitör
monitor
masa
kirjutuslaud
fare
hiir
klasör
kaust
klavye
klaviatuur
kağıt çöp kutusu
paberikorv
bilgisayar
arvuti
sandalye
tool

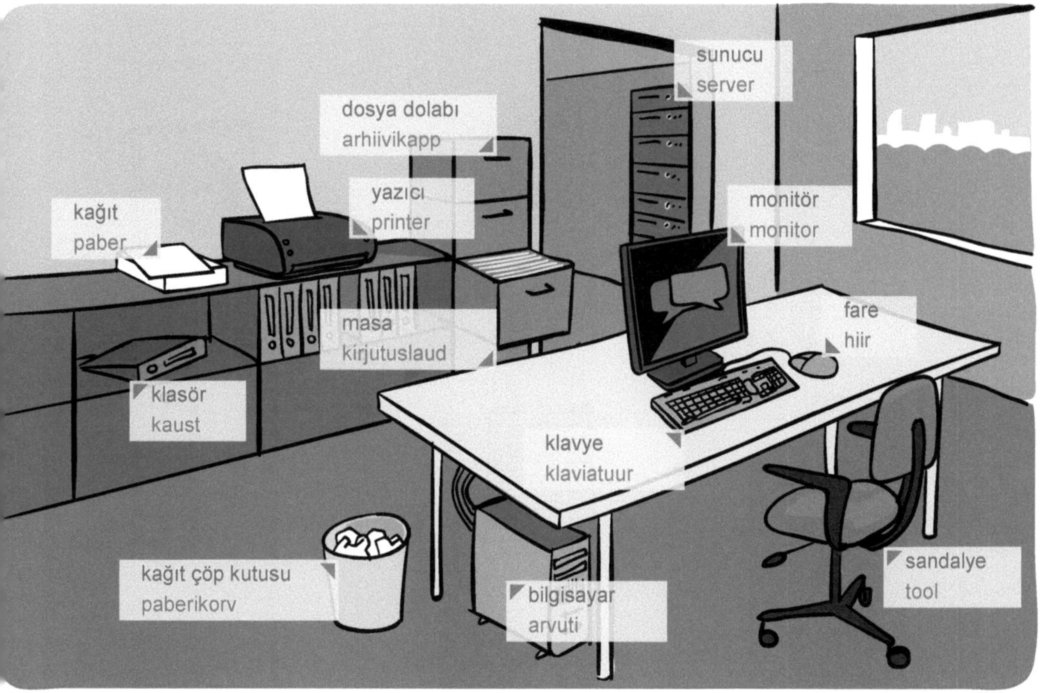

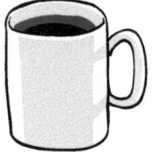

kahve fincanı

kohvikruus

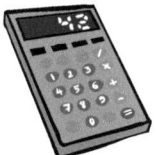

hesap makinesi

kalkulaator

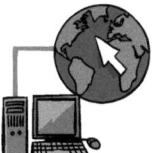

internet

internet

dizüstü

sülearvuti

mektup

kiri

mesaj

sõnum

cep telefonu

mobiiltelefon

ağ

võrk

fotokopi makinesi

koopiamasin

yazılım

tarkvara

telefon

telefon

priz

pistikupesa

faks makinesi

faksimasin

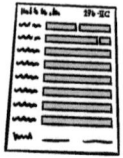

form

vorm

belge

dokument

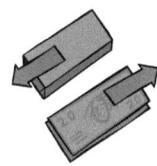

satın almak

ostma

ödemek

maksma

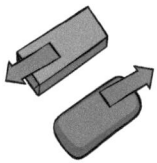

ticaret yapmak

vahetama

para

raha

dolar

dollar

avro

euro

yen

jeen

ruble

rubla

İsviçre frangı

Šveitsi frank

Çin yuanı

renminbi jüaan

rupi

ruupia

kasa

sularahaautomaat

döviz bürosu

valuutavahetuspunkt

altın

kuld

gümüş

hõbe

petrol

nafta

enerji

energia

fiyat

hind

kontrat

leping

vergi

maks

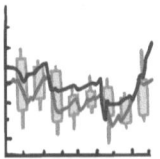

menkul değer

aktsia

çalışmak

töötama

işveren

töötaja

işçi

tööandja

fabrika

tehas

mağaza

kauplus

meslekler
ametid

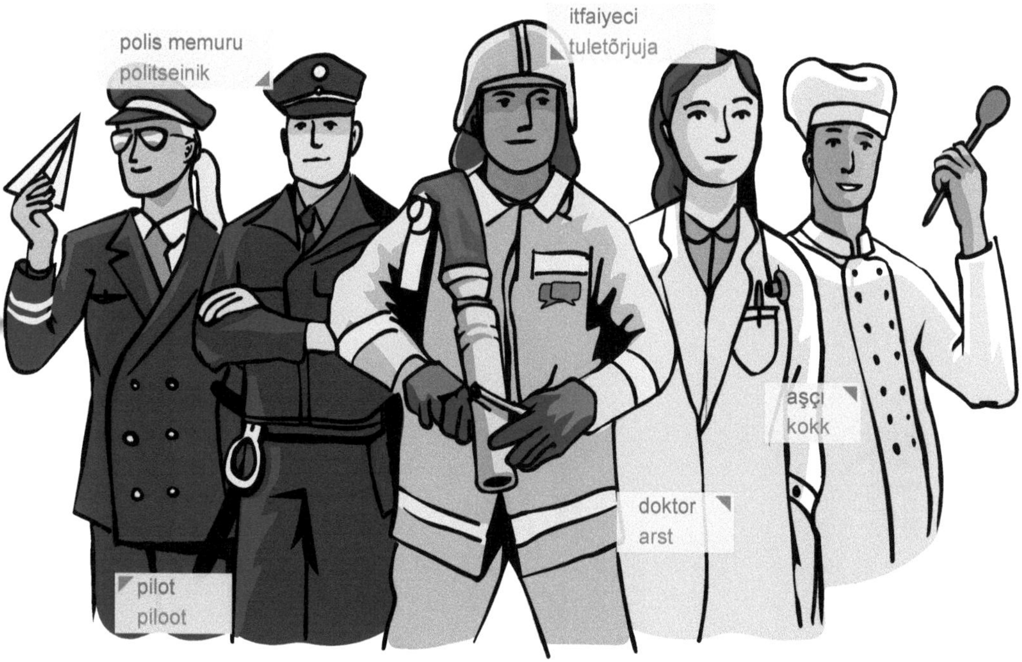
itfaiyeci
tuletõrjuja
polis memuru
politseinik
aşçı
kokk
doktor
arst
pilot
piloot

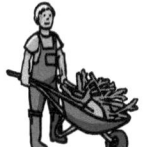

bahçıvan

aednik

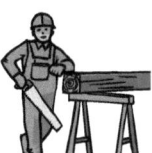

marangoz

puusepp

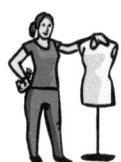

terzi

õmbleja

hakim

kohtunik

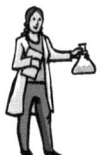

kimyager

keemik

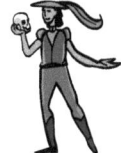

aktör

näitleja

otobüs şoförü

bussijuht

taksi şoförü

taksojuht

balıkçı

kalamees

temizlikçi

koristaja

çatı ustası

katusepaigaldaja

garson

kelner

avcı

jahimees

boyacı

maaler

fırıncı

pagar

elektrikçi

elektrik

inşaatçı

ehitaja

mühendis

insener

kasap

lihunik

muslukçu

torumees

postacı

postiljon

asker

sõdur

mimar

arhitekt

kasiyer

kassapidaja

çiçekçi

lillemüüja

kuaför

juuksur

kondüktör

piletikontrolör

tamirci

mehaanik

kaptan

kapten

dişçi

hambaarst

bilim insanı

teadlane

haham

rabi

imam

imaam

keşiş

munk

rahip

preester

aletler
tööriistad

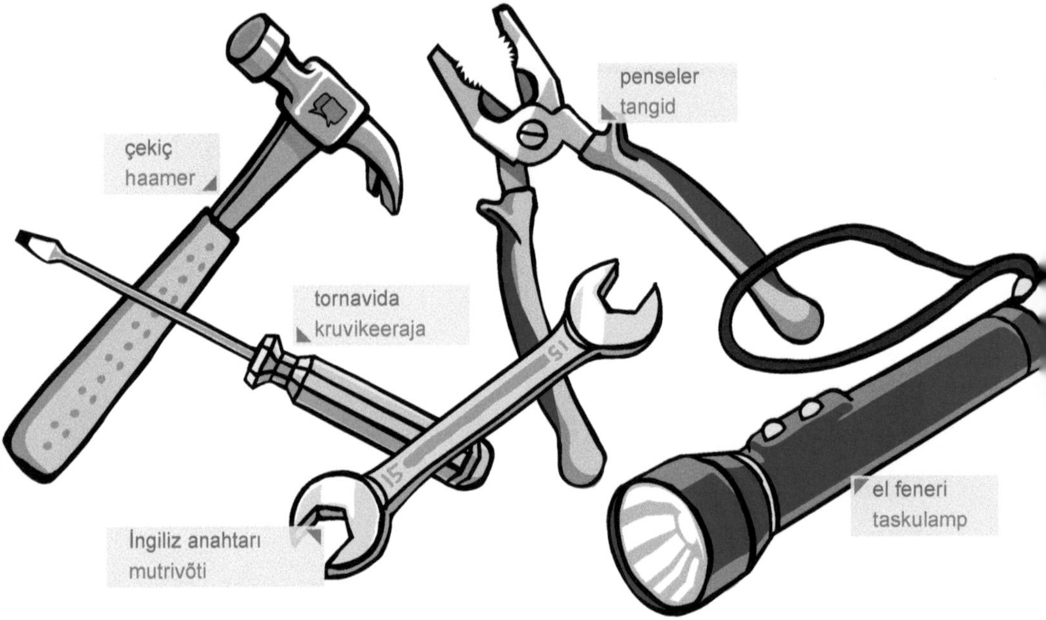
penseler
tangid
çekiç
haamer
tornavida
kruvikeeraja
el feneri
taskulamp
İngiliz anahtarı
mutrivõti

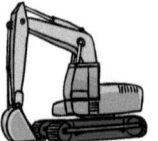

kazı makinesi

ekskavaator

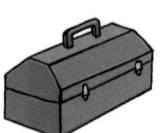

alet çantası

tööriistakast

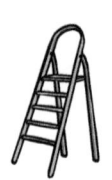

merdiven

redel

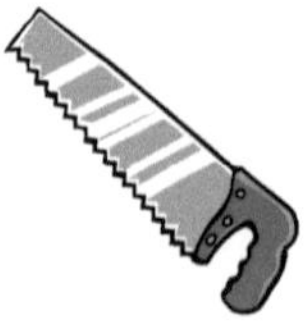

testere

saag

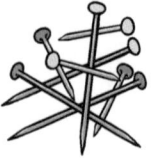

çiviler

naelad

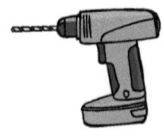

matkap

trell

tamir etmek
parandama

kürek
labidas

Kahretsin!
Põrgusse!

faraş
kühvel

boya tenekesi
värvipott

vidalar
kruvid

müzik enstrümanı
pillid

hoparlör
kõlar

bateri seti
trummikomplekt

gitar
kitarr

kontrbas
kontrabass

trompet
trompet

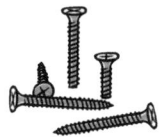

piyano
·················
klaver

keman
·················
viiul

basgitar
·················
bass

timpani
·················
timpan

bateri
·················
trummid

klavye
·················
süntesaator

saksafon
·················
saksofon

flüt
·················
flööt

mikrofon
·················
mikrofon

hayvanat bahçesi
loomaaed

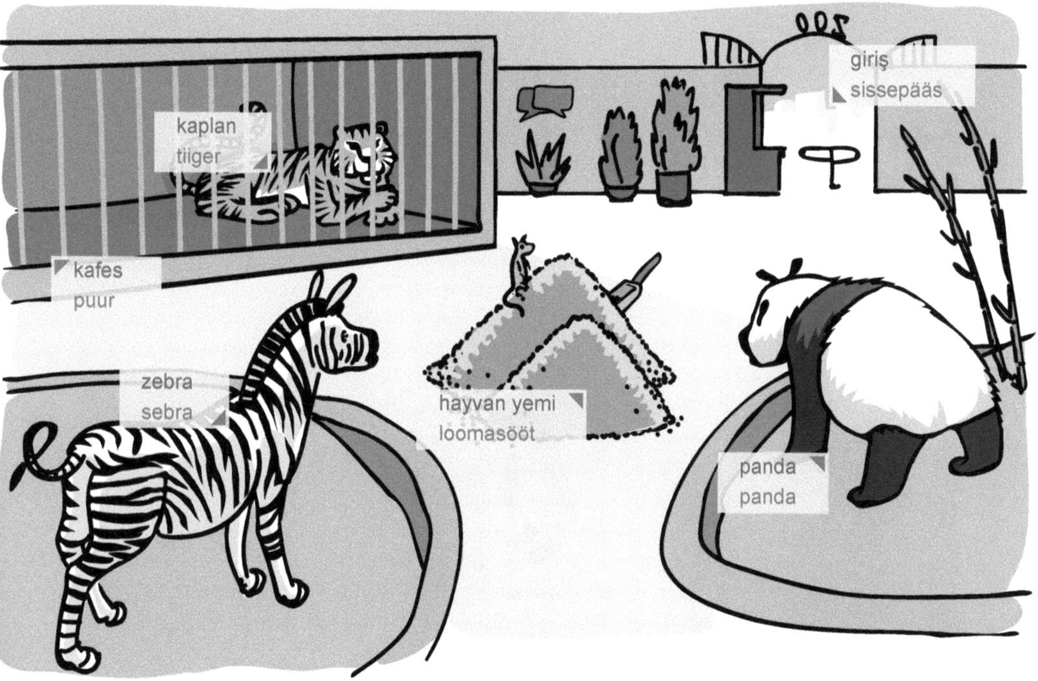

kaplan
tiiger
giriş
sissepääs
kafes
puur
zebra
sebra
hayvan yemi
loomasööt
panda
panda

hayvanlar

loomad

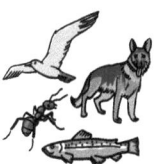

fil

elevant

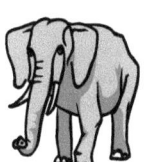

kanguru

känguru

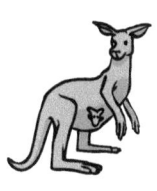

gergedan

ninasarvik

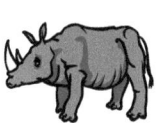

goril

gorilla

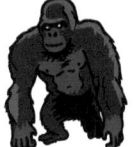

ayı

karu

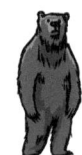

deve

kaamel

deve kuşu

jaanalind

aslan

lõvi

maymun

ahv

flamingo

flamingo

papağan

papagoi

kutup ayısı

jääkaru

penguen

pingviin

köpek balığı

hai

tavus kuşu

paabulind

yılan

madu

timsah

krokodill

hayvanat bahçesi görevlisi

loomaaiatalitaja

fok

hüljes

jaguar

jaaguar

midilli atı

poni

leopar

leopard

su aygırı

jõehobu

zürafa

kaelkirjak

kartal

kotkas

yaban domuzu

metssiga

balık

kala

kaplumbağa

kilpkonn

mors

morsk

tilki

rebane

ceylan

gasell

amerikan futbolu
Ameerika jalgpall

bisiklete binme
jalgrattasõit

tenis
tennis

basketbol
korvpall

yüzme
ujumine

boks
poksimine

buz hokeyi
jäähoki

futbol
jalgpall

badminton
sulgpall

atletizm
kergejõustik

hentbol
käsipall

kayak
suusatamine

polo
polo

etkinlikler
tegevused

gülmek
naerma
atlamak
hüppama
sarılmak
kallistama
yürümek
jalutama
söylemek
laulma
hayal etmek
unistama
dua etmek
palvetama
öpmek
suudlema

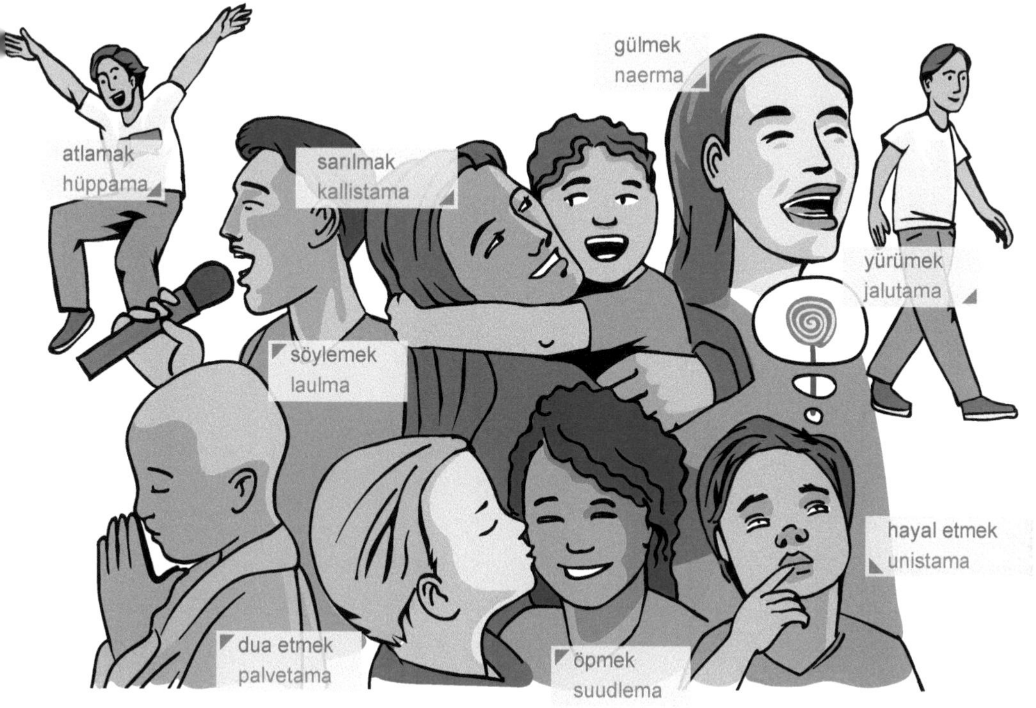

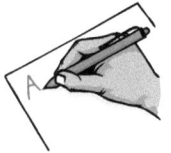

yazmak

kirjutama

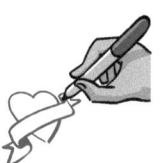

çizmek

joonistama

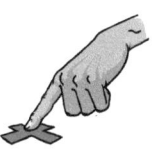

göstermek

näitama

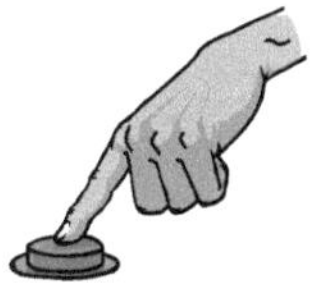

itmek

lükkama

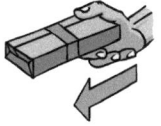

vermek

andma

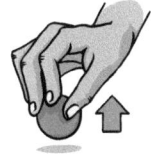

almak

võtma

sahip olmak

omama

yapmak

tegema

olmak

olema

ayakta durmak

seisma

koşmak

jooksma

çekmek

tõmbama

atmak

viskama

düşmek

kukkuma

yalan söylemek

lamama

beklemek

ootama

taşımak

kandma

oturmak

istuma

giyinmek

riidesse panema

uyumak

magama

uyanmak

ärkama

bakmak

vaatama

ağlamak

nutma

vurmak

paitama

taramak

kammima

konuşmak

rääkima

anlamak

aru saama

sormak

küsima

dinlemek

kuulama

içmek

jooma

yemek

sööma

düzenlemek

korrastama

sevmek

armastama

pişirmek

süüa tegema

sürmek

sõitma

uçmak

lendama

denize açılmak

purjetama

hesapla

arvutama

okumak

lugema

öğrenmek

õppima

çalışmak

töötama

evlenmek

abielluma

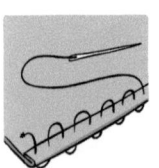

dikmek

õmblema

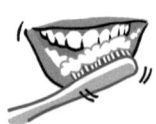

diş fırçalamak

hambaid pesema

öldürmek

tapma

sigara içmek

suitsetama

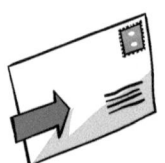

yollamak

saatma

aile
perekond

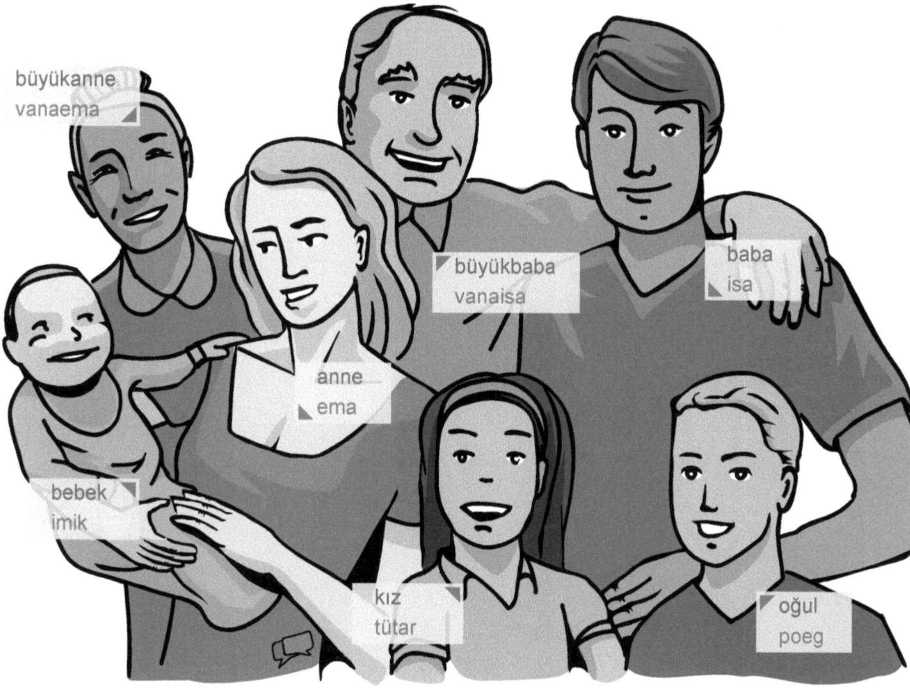

büyükanne
vanaema
büyükbaba
vanaisa
baba
isa
anne
ema
bebek
imik
kız
tütar
oğul
poeg

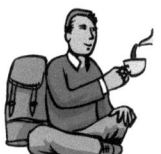

misafir
külaline

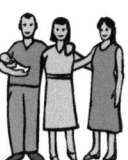

teyze
tädi

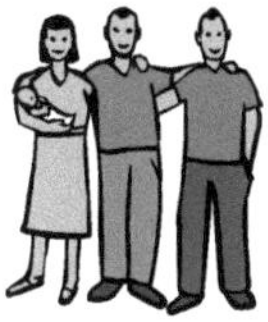

amca
onu

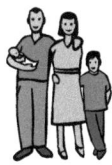

erkek kardeş
vend

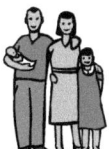

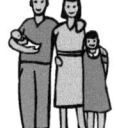

kız kardeş
õde

vücut

keha

alın
otsmik
göz
silm
omuz
õlg
parmak
sõrm
yüz
nägu
çene
lõug
el
käsi
bacak
jalg
göğüs
rind
kol
käsivars

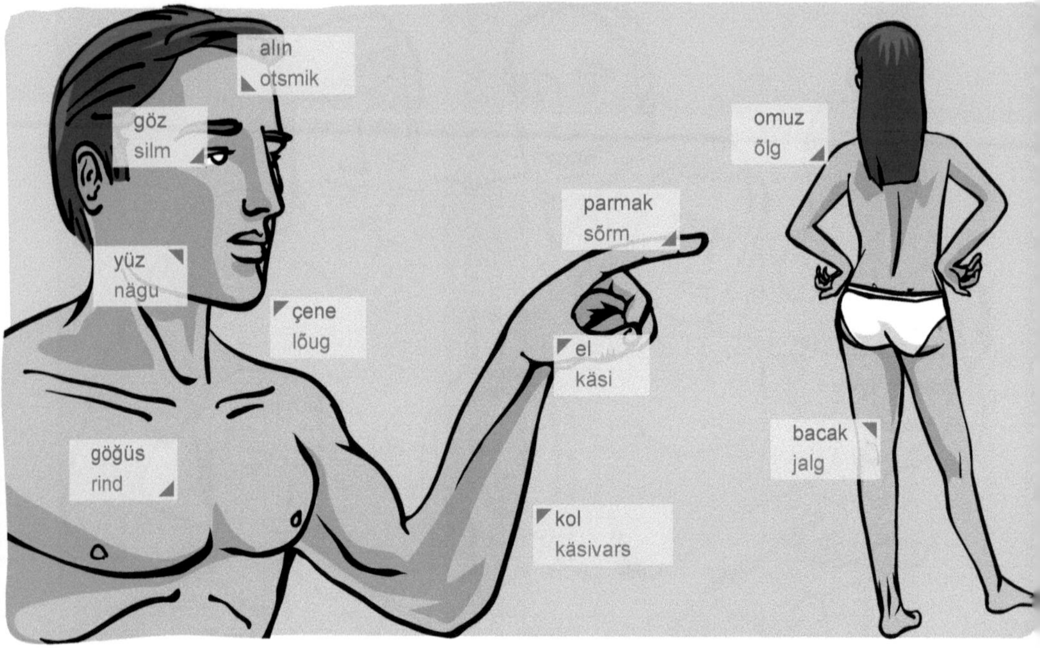

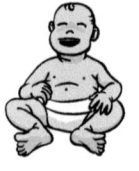

bebek

imik

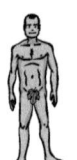

adam

mees

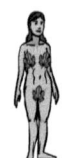

kadın

naine

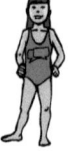

kız

tüdruk

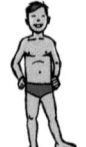

erkek çocuk

poiss

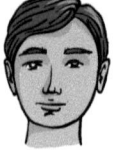

baş

pea

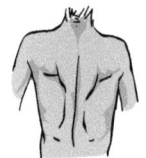

sırt
selg

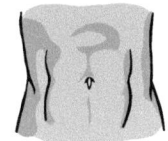

karın
kõht

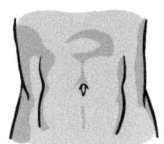

göbek
naba

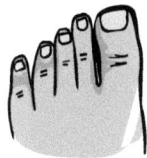

ayak parmağı
varvas

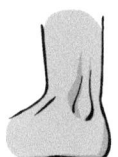

topuk
kand

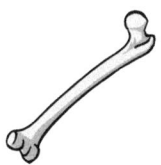

kemik
luu

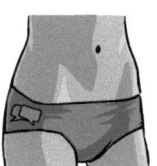

kalça
puus

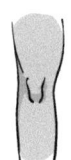

diz
põlv

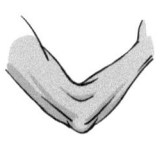

dirsek
küünarnukk

burun
nina

kalça
tagumik

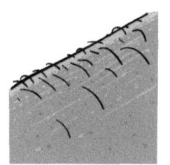

deri
nahk

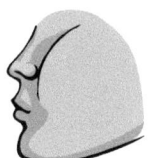

yanak
põsk

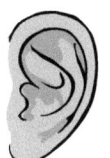

kulak
kõrv

dudak
huuled

ağız

suu

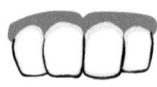

diş

hammas

dil

keel

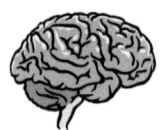

beyin

aju

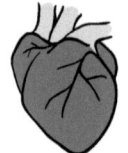

kalp

süda

kas

lihas

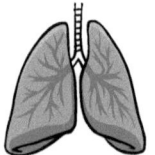

akciğer

kops

karaciğer

maks

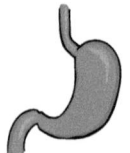

mide

magu

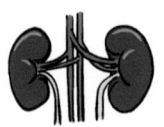

böbrekler

neerud

seks

seksuaalvahekord

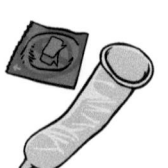

prezervatif

kondoom

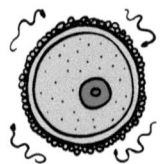

yumurtalık

munarakk

sperm

sperma

hamilelik

rasedus

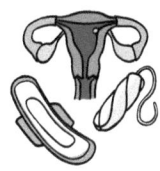

regl

menstruatsioon

vajina

vagiina

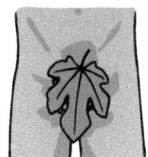

penis

peenis

kaş

kulm

saç

juuksed

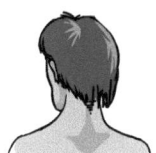

boyun

kael

hastane
haigla

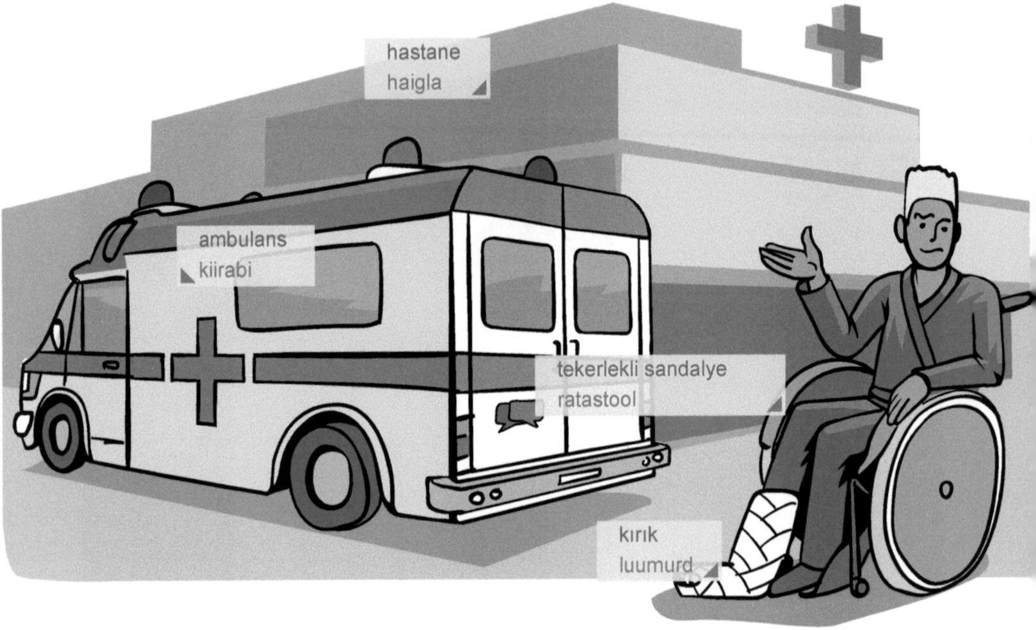

hastane
haigla
ambulans
kiirabi
tekerlekli sandalye
ratastool
kırık
luumurd

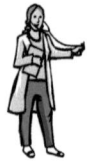

doktor

arst

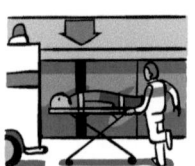

acil servis

traumapunkt

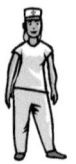

hemşire

meditsiiniõde

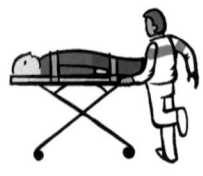

acil

hädaolukord

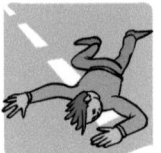

baygın

teadvuseta

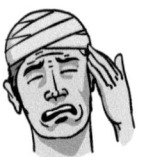

acı

valu

yaralanma

vigastus

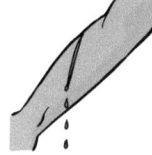

kanama

verejooks

kalp krizi

südamerabandus

felç

insult

alerji

allergia

öksürük

köha

ateş

palavik

grip

gripp

ishal

kõhulahtisus

baş ağrısı

peavalu

kanser

vähk

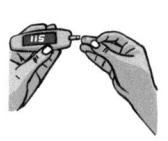

şeker hastalığı

diabeet

cerrah

kirurg

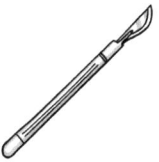

neşter

skalpell

operasyon

operatsioon

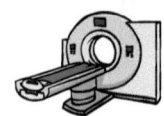

bilgisayarlı tomografi

KT

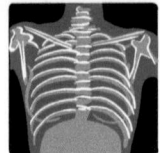

röntgen

röntgen

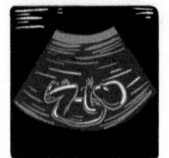

ultrason

ultraheli

yüz maskesi

mask

hastalık

haigus

bekleme odası

ooteruum

koltuk değneği

kark

yara bandı

kips

bandaj

side

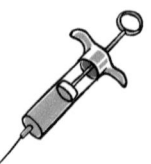

enjeksiyon

süst

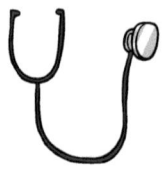

steteskop

stetoskoop

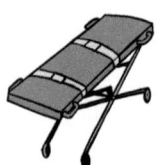

sedye

kanderaam

tıbbi termometre

kraadiklaas

doğum

sünd

fazla kilo

ülekaaluline

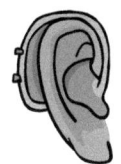

işitme cihazı
kuuldeaparaat

dezenfektan
desinfektsioonivahend

enfeksiyon
põletik

virüs
viirus

HIV / AIDS
HIV / AIDS

ilaç
meditsiin

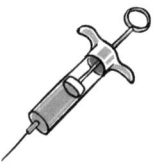

aşı
vaktsineerimine

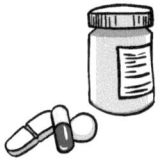

tablet
tabletid

hap
pill

acil çağrı
hädaabikõne

tansiyon aleti
vererõhuaparaat

hasta / sağlıklı
haige / terve

İmdat!

Appi!

alarm

häire

darp

kallaletung

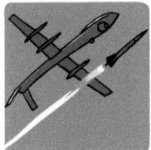

saldırı

rünnak

tehlike

oht

acil çıkış

avariiväljapääs

Yangın!

Tulekahju!

yangın tüpü

tulekustuti

kaza

õnnetus

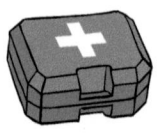

ilk yardım çantası

esmaabikomplekt

imdat

SOS

polis

politsei

Avrupa

Euroopa

Kuzey Amerika

Põhja-Ameerika

Güney amerika

Lõuna-Ameerika

Afrika

Aafrika

Asya

Aasia

Avustralya

Austraalia

Atlantik

Atlandi ookean

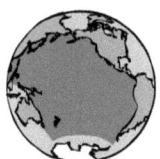

Pasifik

Vaikne ookean

Hint Okyanusu

India ookean

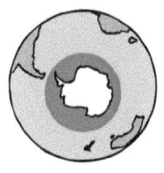

Antarktika Okyanusu

Lõuna-Jäämeri

Arktik Okyanusu

Põhja-Jäämeri

Kuzey Kutbu

põhjapoolus

Güney Kutbu

lõunapoolus

Antarktika

Antarktika

dünya

Maa

kara

maismaa

deniz

meri

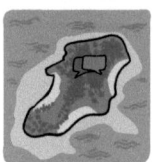

ada

saar

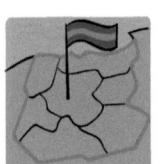

ulus

rahvus

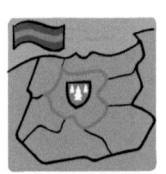

ülke

riik

kadran

sihverplaat

akrep

tunniosuti

yelkovan

minutiosuti

saniye ibresi

sekundiosuti

Saat kaç?

Mis kell on?

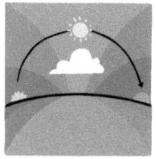

gün

päev

zaman

aeg

şimdi

praegu

dijital saat

digitaalne kell

dakika

minut

saat

tund

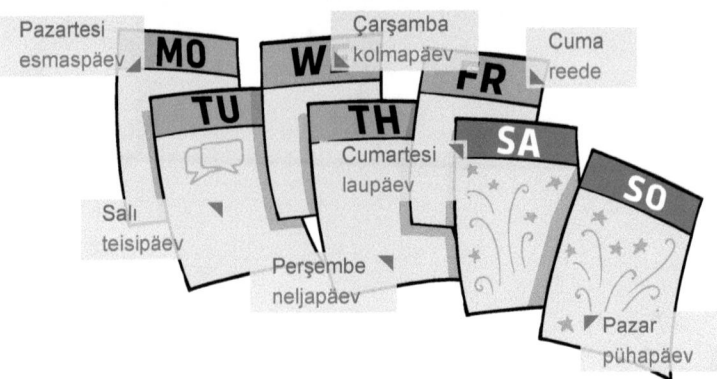

Pazartesi
esmaspäev

Çarşamba
kolmapäev

Cuma
reede

Salı
teisipäev

Cumartesi
laupäev

Perşembe
neljapäev

Pazar
pühapäev

dün

eile

bugün

täna

yarın

homme

sabah

hommik

öğle

lõuna

akşam

õhtu

iş günleri

tööpäevad

hafta sonu

nädalavahetus

yıl
aasta

yağmur
vihm
gökkuşağı
vikerkaar
rüzgar
tuul
kara
lumi
bahar
kevad
yaz
suvi
sonbahar
sügis
kış
talv

4.APRIL 11°
5.APRIL 4°
6.APRIL 13°
7.APRIL 8°
8.APRIL 10°

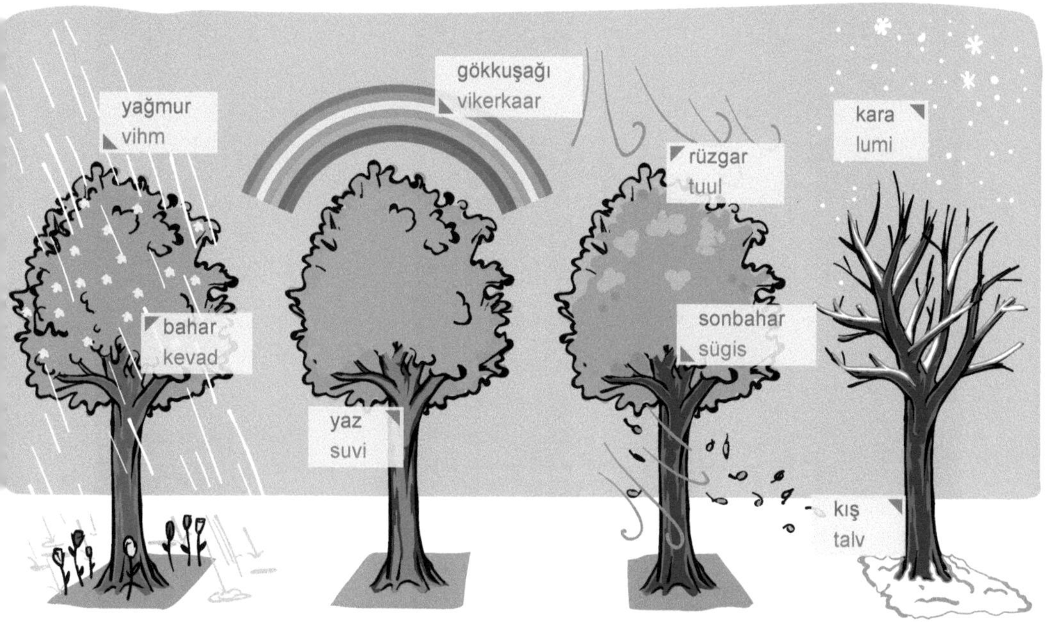

hava durumu tahmini

ilmaennustus

F C
120 40
90 30
60 20
30 10
0 0
-30 -10
-20

termometre

termomeeter

güneş ışığı

päikesepaiste

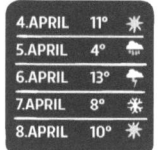

bulut

pilv

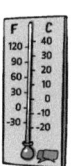

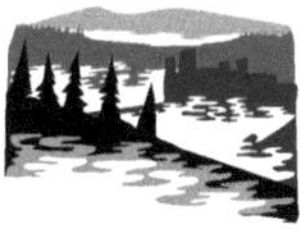

sis

udu

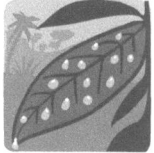

nem

niiskus

şimşek
pikne

gök gürültüsü
kõu

fırtına
torm

dolu
rahe

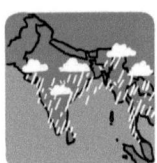

muson
mussoon

sel
üleujutus

buz
jää

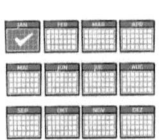

Ocak
jaanuar

Şubat
veebruar

Mart
märts

Nisan
aprill

Mayıs
mai

Haziran
juuni

Temmuz
juuli

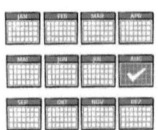

Ağustos
august

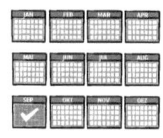

Eylül

september

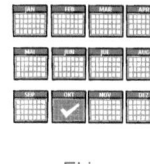

Ekim

oktoober

Kasım

november

Aralık

detsember

daire

ring

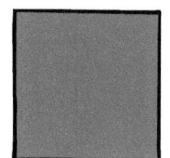

kare

ruut

dikdörtgen

nelinurk

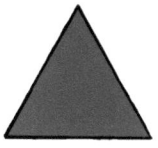

üçgen

kolmnurk

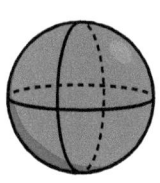

küre

kera

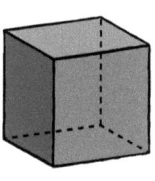

küp

kuup

beyaz

valge

sarı

kollane

turuncu

oranž

pembe

roosa

kırmızı

punane

mor

lilla

mavi

sinine

yeşil

roheline

kahverengi

pruun

gri

hall

siyah

must

çok / az
palju / vähe

kızgın / sakin
vihane / rahulik

güzel / çirkin
ilus / inetu

başlangıç / son
algus / lõpp

büyük / küçük
suur / väike

parlak / karanlık
hele / tume

erkek kardeş / kız kardeş
vend / õde

temiz / kirli
puhas / must

tamam / eksik
täielik / puudulik

gün / gece
päev / öö

ölü / canlı
surnud / elus

geniş / dar
lai / kitsas

yenilebilir / yenilemez

söödav / mittesöödav

kötü / iyi

kuri / sõbralik

heyecanlı / sıkılmış

põnevil / tüdinud

şişman / zayıf

paks / peenike

ilk / son

esimene / viimane

dost / düşman

söber / vaenlane

dolu / boş

täis / tühi

sert / yumuşak

kõva / pehme

ağır / hafif

raske / kerge

açlık / susuzluk

nälg / janu

hasta / sağlıklı

haige / terve

yasa dışı / yasal

ebaseaduslik / seaduslik

zeki / aptal

tark / rumal

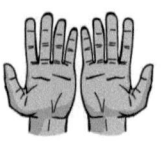

sol / sağ

vasak / parem

yakın / uzak

lähedal / kaugel

yeni / kullanılmış

uus / kasutatud

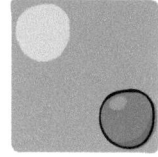

hiçbir şey / bir şey

mitte midagi / midagi

yaşlı / genç

vana / noor

açma / kapama

sees / väljas

açık / kapalı

lahti / kinni

sessiz / gürültülü

vaikne / vali

zengin / fakir

rikas / vaene

doğru / yanlış

õige / vale

pürüzlü / düz

kare / sile

üzgün / mutlu

kurb / rõõmus

kısa / uzun

lühike / pikk

yavaş / hızlı

aeglane / kiire

ıslak / kuru

märg / kuiv

sıcak / serin

soe / jahe

savaş / barış

sõda / rahu

0

sıfır
null

1

bir
üks

2

iki
kaks

3

üç
kolm

4

dört
neli

5

beş
viis

6

altı
kuus

7

yedi
seitse

8

sekiz
kaheksa

9

dokuz
üheksa

10

on
kümme

11

on bir
üksteist

12

on iki

kaksteist

13

on üç

kolmteist

14

on dört

neliteist

15

on beş

viisteist

16

on altı

kuusteist

17

on yedi

seitseteist

18

on sekiz

kaheksateist

19

on dokuz

üheksateist

20

yirmi

kakskümmend

100

yüz

sada

1.000

bin

tuhat

1.000.000

milyon

miljon

İngilizce

inglise

Amerikan İngilizcesi

Ameerika inglise

Çince (Mandarin)

mandariini

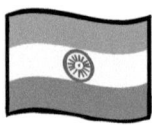

Hintçe

hindi

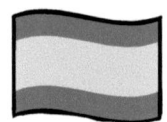

İspanyolca

hispaania

Fransızca

prantsuse

Arapça

araabia

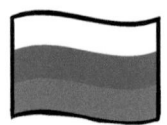

Rusça

vene

Portekizce

portugali

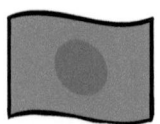

Bengalce

bengali

Almanca

saksa

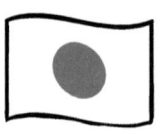

Japonca

jaapani

ben

mina

sen

sina

o

tema

biz

meie

siz

teie

onlar

nemad

kim?

kes?

ne?

mis?

nasıl?

kuidas?

nerede?

kus?

ne zaman?

millal?

isim

nimi

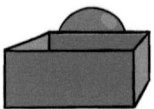

arkasında

taga

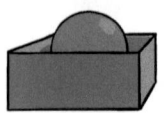

içinde

sees

önünde

ees

üzerinde

kohal

üstünde

peal

altında

all

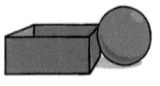

yanında

kõrval

arasında

vahel

yer

koht